Gert Haucke wurde 1929 in Berlin geboren. Er sagt, daß er eine glückliche Kindheit hatte bis zu dem Zeitpunkt, als er als kleiner Junge in die Hitler-Jugend eintreten mußte. Mit 16 Jahren war Gert Haucke alleine in Berlin und versuchte, das Abitur nachzumachen.

Er lernte einige Rollen aus Reclamheften und sprach im Schloßparktheater als Schauspieler vor. Er hatte Talent und Glück und bekam einen Vertrag. Nachdem er vier Jahre lang dort gespielt hatte, trat er auf allen anderen Berliner Bühnen auf und ging als Liedersänger auf Tournee. Er arbeitete auch als Rundfunksprecher, u.a. für den RIAS und für den WDR. In »Papa, Charly hat gesagt« war er der besserwisserische Vater eines aufgeweckten Sohnes, der ihm Löcher in den Bauch fragte. Dies wurde mit fast 400 Sendungen die erfolgreichste deutsche Rundfunkserie.

Neben seiner Arbeit bei Theater und Funk kennt man Gert Haucke natürlich aus vielen Fernseh- und Kinofilmen – und nicht zuletzt als Tierschützer und Buchautor.

Gert Haucke erzählt die Geschichte von ›Shir Khan‹ im Namen und mit den Worten von Jörg Peter Henry.

Anne Henry, geboren 1952 in Bielefeld, studierte nach Abschluß einer kaufmännischen Lehre an der dortigen Fachhochschule für Design visuelle Medien. Von 1982 bis 1989 »vagabundierte« Anne Henry auf Segelschiffen und überquerte auch den Atlantik. Seit 1989 arbeitet sie als freie Fotografin im Raum Schleswig-Holstein.

Shir Khan. Da war dieses winzige Fellbündel ohne Schwanz mit eitrigen Wunden, das jämmerlich um Hilfe schrie. Aus ihm wurde Shir Khan, ein wunderschöner und kraftstrotzender sibirischer Amur-Tiger, der größte unter seinesgleichen. Jörg Peter Henry, Krankenpfleger und Sanitäter, seine Frau Anne und seine Oma nehmen das mit dem Tod ringende Tigerbaby zu sich – und es verändert ihr Leben. Die Wunden verheilen, entgegen allen ärztlichen Prognosen. Aus der Fürsorge wird eine tiefe Innigkeit, für die das Wort »Liebe« fast abgedroschen klingt. Doch solch eine Beziehung zwischen Mensch und Tier ist verdächtig, gefährlich, hat keine Zukunft. Henry scheitert im deutschen Behörden-Dschungel.

»Sie hat viel mit den uralten Träumen der Menschheit zu tun, diese schöne, doch so bittere Geschichte. Man bekommt eine Ahnung von dem verlorenen Paradies, wie es hätte sein können, wenn ... ja wenn man nicht die Falschen, nämlich die Tiere, zu Bestien erklärt hätte. Ein Buch so schön, wie es traurig ist.« (Henning Pawel, ›Berliner Zeitung‹)

Gert Haucke

SHIR KHAN

Erinnerung an einen
sibirischen Tiger

Mit Farbfotos von
Anne Henry

Fischer Taschenbuch Verlag

Fischer Schatzinsel
Herausgegeben von Klaus Humann

Veröffentlicht im Fischer Taschenbuch Verlag GmbH,
Frankfurt am Main, Februar 1996

Lizenzausgabe mit freundlicher Genehmigung
des Verlags an der ESTE, Buxtehude

Gesamtherstellung: Clausen & Bosse, Leck
Printed in Germany
ISBN 3-596-80067-6

Gedruckt auf chlor- und säurefreiem Papier

Denn es geht dem Menschen
wie dem Vieh:
Wie dies stirbt,
so stirbt auch er,
und sie haben alle *einen* Odem,
und der Mensch
hat nichts voraus vor dem Vieh,
denn es ist alles eitel.
Es fährt alles an *einen* Ort.
Es ist alles aus Staub geworden
und wird wieder zu Staub.
Wer weiß,
ob der Odem der Menschen
aufwärts fahre
und der Odem des Viehs hinab.

Der Prediger Salomo

Für Jörg Peter Henry

Ich denke immer noch darüber nach, wie das gelaufen wäre, wenn ich an dem Tag noch Bier im Kühlschrank gehabt hätte: Mein Leben – zu diesem Zeitpunkt und in den anderthalb Jahren, die dann kamen. Und komme ins Grübeln. Zufall alles oder vorausbestimmt. Kismet. Niemand entgeht seinem Schicksal. Oder die Sache mit Gott, der *die Schritte lenkt*. Bei jedem Menschen. Zu jeder Zeit.

Ich kann mir weder das eine noch das andere vorstellen. Ist doch absurd irgendwie, das alles: Eine Flasche mehr im Kühlschrank an dem Abend, und das Schicksal oder der liebe Gott hätten umdisponieren müssen. Oder wie? Hätte, könnte, würde. Anscheinend wird das menschliche Dasein vom Konjunktiv regiert.

Jedenfalls habe ich nun mal in dieser bestimmten Nacht in unserer Stammkneipe diesen Sporthausbesitzer getroffen. Ich habe ihn vom Sehen gekannt. Er war einigermaßen abgefüllt und dröhnte rum »Du bist doch Tierschützer« und so, und er hätte da 'ne Adresse, die würde mich interessieren. Dann machte er diesen Knopfziehgriff, den ich hasse: Hand an den oberen Jacken- oder Hemdknopf und auf zehn Zentimeter ranziehen zwecks Mitteilung intimer Art. In bester Absicht und mit Fuselatem.

In Lemgo, sabbelte er, da gäb's so'n abgehobenen Typen, der züchtet Exoten für Zirkusse und Zoos. Angeblich alles legal. Gemunkelt wird aber, der hätte Beziehungen zu irgendwelchen Raritätenrestaurants.

»Du bist doch Tierschützer«, endlich ließ er den Knopf los, »willst du nich mal hinfahren?« Und: »Ich hab nichts gesagt, paletti?«

Tierschützer. Was heißt das schon. Wenn man wirklich Tiere schützen wollte, müßte man überlegen, wie man die Menschen ausrottet. Das wäre der einzige wirkliche Tierschutz. Ein für allemal und für immer. Nun bin ich aber ausgebildeter Sanitäter und war damals Pfleger in einem Krankenhaus. Anne sagt, ich hab generell ein Helfersyndrom. Weiß ich nicht. Ich meine, das ist doch normal, daß man hilft, wenn irgendwer oder irgendwas in der Scheiße sitzt. Wahr ist, ich habe für Tiere mehr übrig als für die meisten *Mitmenschen*. Die haben es einfach nötiger, noch nötiger mei-

netwegen. Möglich, daß ich deshalb in der Krankenpflege arbeite. So 'ne Art Gewissensbeschwichtigung vielleicht, was weiß ich. Aber bei Tieren – da geht mir irgendwie – na ja: das Herz auf. Klingt bescheuert, trifft aber den Nagel auf den Kopf. Ich kann's nicht ändern. Der überfahrene Wauwi am Straßenrand und die jammernde Oma im Rollstuhl: Klar, geholfen werden muß sowieso. Wird ja auch. Aber wenn ich den Hund liegen sehe, so still und so – ratlos, da kriege ich diese Hitze in der Brust, daß es mich fast zerreißt. Bei der Oma mach ich, was getan werden muß. Manchmal auch gerne. Aber da wird immer ein Unterschied sein, und ich hab eigentlich keine Lust, mich deswegen zu genieren oder zu entschuldigen. Bei wem denn auch?
Der Knopfzieher krakelte mir die Adresse von dem Tierfritzen auf einen Bierdeckel, und ich machte, daß ich wegkam. Beinah hätte ich die blöden Biere stehenlassen.

Klar bin ich hingefahren. Weiße Mauern wie um einen Harem oder so. Videokamera am Tor, Rufanlage. Ich hab gesagt, daß ich mich für Raubkatzen interessiere und ob ich mal gucken

darf. Bescheuert bin ich mir vorgekommen, wie ich da artig mein Sprüchlein aufgesagt habe, vor dieser Kintoppkulisse, und ich hab mir gesagt, der läßt dich nie rein. Aber das Riesentor schwebte lautlos zur Seite, und vor mir stand einer, das glaubt man nicht: so'ne Art Kaftan, schmales Oberlippenbärtchen, glatte schwarze lange Haare, Zopf. Wie ein Komparse aus *Attila, der Hunnenkönig*. Der war so total freundlich, daß ich dachte, gleich öffnet sich irgendwo 'ne Falltür, und ich verschwinde in einer Alligatorengrotte. Na ja: Wahrscheinlich hatte er einfach selten Besuch, weil sich keiner traute, und wollte nur ein bißchen protzen. Ich war damals Anfang zwanzig – über zehn Jahre ist das alles schon her. Ich glaub nicht, daß ich früher drüber hätte reden können. Denk ich gerade so.

Damals hat mich das alles tatsächlich beeindruckt: Große Anlagen, sauber, wenig Tiere, und die sahen gepflegt aus. Über Zoos, sogenannte Tiergärten und ähnliches hab ich mir damals einfach noch keine Gedanken gemacht. Lebenslänglich eingesperrte Tiere – das kam mir normal vor. Die meisten denken ja immer noch so.

Und so richtig ist mir erst vor ein paar Jahren die Lampe angegangen, als ich in einem Artikel gelesen habe, daß in Italien auf Betreiben einer Gruppe, stark mit Prominenz gemixt, alle Zoos geschlossen werden sollten, weil die eingesperrten Tiere alle verrückt werden. Ein Eindruck von ihrem Wesen ist so nicht zu bekommen und der Informationswert über die Knasttiere sowieso, also auch gleich null.

Die simple Formel Zoo = Irrenanstalt war aber damals noch nicht auf dem Markt, und heutzutage können Sie auch lange rumfragen, bis jemand was davon gehört hat.

Das Prunkstück von dem Möchtegernmongolen war ein sibirischer Tiger von gigantischen Ausmaßen und einfach unheimlich schön.

»Vierhundert Kilo«, sagte der Dschingis-Khan neben mir und kraulte ihm den Kopf, während der riesige Kater durch ihn durchguckte, irgendwohin.

»Steht ganz oben auf der Liste für aussterbende Arten, also versuche ich hier die Population zu vergrößern.«

Listig, listig!, hab ich gedacht. Da sollte man mal nachhaken, ob der wirklich Exoten züchtet, um sie wieder auszuwildern oder um sie an den Zirkus oder sowas zu verkaufen, damit sie da zu Manegenclowns abgerichtet werden. Im ersten

Fall kostet es einen Haufen Kohle und gute Beziehungen und viel Mühe, im anderen Fall bringt es jede Menge Geld ein, und der Möchtegernmongole machte nicht den Eindruck eines Weltverbesserers. An die lukullische Variante hab ich nicht mehr geglaubt: Zuviel Risiko, zu wenig Gewinn.

Mama Tiger gab's auch und zwei Kleine, die vergnügt miteinander rumhampelten. Ich wollte schon gehen, ich weiß auch nicht, plötzlich stank mir der ganze Laden mit dem Pappchinesen, da hab ich so ein Gewimmer gehört. Ich hab das nie wieder aus den Ohren gekriegt und hör's heute manchmal noch.

»Sie hat drei gehabt. Aber der kleine Kater hier hat's irgendwie gebracht, sich zu seinem Vater durchzubuddeln.«

»Ja und?«

Grinsen: »Der hat sich über den Besuch wohl nicht gefreut. Hat ihm den Schwanz abgebissen und ein paar Löcher in den Rücken gemacht. Hat keinen Zweck mehr, sagt der Arzt.«

Ich hab die Kiste aufgemacht, und da war ein blutverkrustetes gestreiftes Bündel drin, so furchtbar elend, daß mir das Wasser in die Augen geschossen ist.

»Willst du ihn mitnehmen? Vielleicht kriegst du ihn ja durch, will ich gar nicht ausschließen. Wenn's dir den Versuch wert ist, bitte!«
Ich bin nach Hause gerast, hab Anne abgeholt. Die hat das Häufchen Unglück in einen Bademantel gewickelt und auf dem Schoß gehalten, und wir sind in die Tieruni nach Hannover gerast, was meine alte Kiste hergab, und die ganze Zeit

hat der Winzling geschrien und gejammert, und wir waren beide klatschnaß, als wir ankamen. Das muß gesagt werden: Als die gecheckt hatten, *was* da in dem Bademantel wimmerte, gab's den ganz großen Bahnhof: Der Herr Oberprofessor wurde vom Abendbrottisch in die Klinik gezerrt, kam im Laufschritt, alles ratterte los wie eine gut geschmierte Maschine, und ich hab mich später oft gefragt, ob das wohl auch nur ähnlich gelaufen wäre, wenn ich Samstag abend da mit einem ebenso schwer verletzten Dachkater reingeplatzt wäre. Schließlich egal. Ob die's nun aus Fachinteresse taten oder aus Ehrgeiz: Sie taten ihr Bestes, das war nicht zu übersehen. (Und dabei fällt mir ein, daß die Uniklinik die einzige Firma war, von der ich nie eine Rechnung bekommen habe.)

Es war grausig. Der Kleine hatte vier tiefe Löcher im Rücken, die vereitert waren und erst mal sauber gemacht werden mußten, und er schrie laut und versuchte, sich gegen diese neue Qual zu wehren, und Anne kippte halb weg, und ich war auch kurz vor dem Abtauchen. Der Schwanzstummel war zwar entzündet und mußte nachamputiert werden, aber das war nicht das

Problem fürs Überleben. In die Löcher auf dem Rücken kamen Tampons, die immer wieder gewechselt werden mußten.

»Das tut dem Kleinen zwar höllisch weh, ist aber notwendig; traun Sie sich das zu?«

Wie viele Antworten gibt es in so einer Situation auf so eine Frage?

»Wir können ihn natürlich hier behalten, aber der Kleine braucht jetzt nicht nur Behandlung, sondern sehr viel Zuwendung, verstehen Sie: Körperwärme. Er ist natürlich völlig runtergekommen und in der Entwicklung zurückgeblieben. Also wie ist es?«

Ja nun, wie war es. Es war so, daß wir unser Leben änderten. Radikal und ohne jeden Gedanken an eine Alternative. (Es hätte auch nach längerem Nachdenken keine gegeben.)

Wir fuhren nach Hause mit einem Kasten voll Verbandsmaterial und Medikamenten, und Anne hatte das Baby, das, was noch von ihm übrig war, in ihre Bluse eingeknöpft, und es war zum erstenmal still. Daß es nicht tot war, konnte sie an ihrem Bauch spüren. Die beiden waren gewissermaßen ein Atem.

Wir haben dann nach einem Namen gesucht. So eine Art Nottaufe. Wenn man einen Namen hat, stirbt man vielleicht nicht so leicht. Natürlich Quatsch, aber uns war jeder Strohhalm recht zum Klammern.

Wir haben damals bei meiner Großmutter gewohnt. In einem ziemlich kleinen Haus am Rand einer früher mal beachtlichen Hofanlage. Hatte alles mal meinem Großvater gehört und davor dessen Vater, und so weiter. So eine Erbe-von-Björndal-Kiste. Den Schinken hatte ich als Junge in irgendeiner Rumpelkammer gefunden und mit roten Ohren gelesen. Vor zwanzig Jahren haben die Kids teilweise noch gelesen. Jedenfalls ist irgendwann alles den Bach runtergegangen. Und untern Hammer gekommen. Mir ist das immer ziemlich wurscht gewesen, nur meine Oma tat mir leid. Als einziges war ihr das Wohnrecht in diesem Häuschen geblieben, und wir durften auch da unterkriechen, Anne und ich.

Mich hat es ziemlich umgetrieben, ich hab immer was sehen wollen von der Welt, was erleben. Na schön. Jetzt waren wir hier gelandet, und ich war nie das gewesen, was man einen guten Jungen nennt. Aber ich habe so langsam geschnallt, wie beschissen es vielen Leuten geht. Ich meine, schon im Vergleich zu einem wie mir, der nur jung und gesund ist. Ich hab also versucht, was zu tun, wo der Sinn davon auf der Hand liegt. Jemandem, der nicht mehr alleine aus dem Bett kommt oder aufs Klo, dem muß jemand dabei helfen, das ist ja einfach zu verstehen, und ich wollte es mal damit versuchen.

Meine Oma kam zwar noch allein aus dem Bett, aber sie war aus einer *umschwärmten Schönheit* – Originalton – zu einer verbitterten alten Frau geworden, und uns konnte sie was erzählen, und wir halfen ihr bei dem bißchen Leben, das ihr geblieben war. Es funktionierte, wir hatten keine Probleme.

Als wir mit dem Rest von einem Tiger ankamen, sagte sie:

»Nennt ihn Shir Khan!«

Wir haben sie einigermaßen verblüfft angeguckt.

»Stammt aus meinem Lieblingsbuch, von Kipling geschrieben. So hieß ein gewaltiger Tiger. Der Herrscher des Dschungels. Vielleicht hilft der Name dem Würmchen da.« Warum nicht. So eine Art Namens-Voodoo. Wir konnten jede Hilfe gebrauchen, da ist man nicht wählerisch.

Ich hab mir später, als ich wieder klar denken konnte, das Buch besorgt. So eine Art Sage aus

dem Dschungel. Alles sehr vermenschlicht, aber toll geschrieben. Nur: Shir Khan ist sozusagen der negative Held der Story, der Schurke. Und außerdem ein bengalischer Tiger, also aus Indien. Wenn schon: Es hat geholfen, ich konnte darüber lachen, und meiner Oma hab ich die falsche Erinnerung an den Dschungeltiger nicht zurechtgerückt. Wozu?

Die ersten zwei Wochen waren die reine Folter. Für jeden von uns. Alle paar Stunden die Tampons wechseln, und alle paar Stunden vorher schon Herzrasen und Schweißausbrüche. Denn der Kleine schrie wie am Spieß, und er wehrte sich verzweifelt, während wir verzweifelt versuchten, ihn zuverlässig festzuhalten, ohne ihn noch kaputter zu machen. Langsam fanden wir den Dreh.

Was ich nie begriffen habe: Wenn er versorgt war, fing er übergangslos an zu schnurren und war so zärtlich, daß einem ganz weh und wimmer wurde über soviel Größe aus einem so kleinen, geschundenen Körper. Irgendwas muß da stattfinden, was wir eben nicht begreifen. Wo wir einfach nicht rankommen. Woher, bitte, wußte dieses auf den

Tod verletzte gestreifte Bündel, daß die Qual, die wir ihm immer wieder zufügten, daß die nichts zu tun hatte mit unserer – ja, Herrgott: mit unserer Liebe zu ihm. Das ist doch ein so verdammt komplizierter Vorgang, und so ein Winzling kapiert das mühelos ohne jede Fähigkeit zur Analyse oder sonstwas. Ich kann mir nicht vorstellen, daß wir das Urvertrauen, das vielleicht mal in allen Tieren war, schon in grauer Vorzeit verspielt haben. Aber was ist es dann?

Ich habe noch in der ersten Nacht eine kleine Kiste zusammengehämmert, vorn offen und in Kopfhöhe neben unser Bett an die Wand geschraubt. Kissen rein, Tiger rein, Hand oder Arm rein. Das war elend unbequem, aber die einzige Möglichkeit, überhaupt zu ein bißchen Schlaf zu kommen. Wenn der Körperkontakt aufhörte, fing er nämlich sofort an zu schreien, und das blieb mehrere Wochen so.

Jedenfalls haben wir es geschafft. Die furchtbaren Löcher auf seinem Rücken füllten sich mit gesundem Gewebe, die Wirbelsäule war wunderbarerweise nicht verletzt gewesen, der Schwanzstumpf heilte ab, man konnte den Kleinen schon mal auf den Boden setzen, ohne daß er in Panik geriet, und man konnte ihn eigentlich jetzt erst so richtig ansehen. Er sah rührend aus, wie alle Katzenbabies. Man konnte schon sehen, wie schön er werden würde. Das groß angelegte Konzept stand sozusagen hinter dem flüchtigen Entwurf, der sich zudem rasend schnell veränderte.

Hannover hatte uns freundlich entlassen. Bei Shir Khanchen begann das Fell über den Riesennarben zu wachsen, und wir waren total glücklich und hatten jede Menge Probleme.

Ich hab was vergessen, aber ich weiß warum: Unsere Schäferhündin Bella – ich weiß, das ist kein origineller Name, aber wir haben ihn nicht gegeben, und das ist eine ganz andere Geschichte. Bella war sofort ganz verhinderte Mama, und zwar von uns verhindert: Wir konnten sie natürlich nicht an den Kleinen ranlassen, solange er nur aus Wunden, Medikamenten, Spritzen und Verbänden bestand, und sie war natürlich anfangs nur ein weiteres Schrecknis für ihn. Das Kapitel ist aber schnell abgehandelt: Sobald er frei laufen konnte und durfte, adoptierte sie ihn und legte ihn sich – symbolisch und tatsächlich – ans Herz.

Wir waren für immer die Eltern von Shir Khan und Bella sein liebendes und geliebtes Kindermädchen. Und wie das so ist mit Kindermädchen: Der ehemalige Zögling mag sich entwickeln, wie er will, zur Respektsperson für was-weiß-ich-wen werden: Für seine gute Dedda blieb er in alle Ewigkeit der kleine Hosenscheißer, der partout seine Mohrrübchen nicht essen wollte. So blieb Shir Khan ein für allemal ihr Mündel und richtete sich vergnügt nach ihren Launen. Nach einiger Zeit stellte er zu seiner Überraschung fest, wie zerbrechlich sie plötzlich war, obwohl sie doch eben noch gewaltig und übermächtig gewesen war – und stellte sich mühelos darauf ein.

Hier möchte ich mal was Grundsätzliches sagen über Shir Khan, sibirischer Tiger, Kater, schwanzlos: Die Zeit, die wir zusammen lebten, er, Bella, Oma, Anne und ich, war, was unseren Streifenkater selbst anging, eine *völlig problemlose Zeit*. Er selbst hat uns niemals Kummer gemacht. Er war wie – fast – alle Katzen peinlich sauber, schleppte sich schon auf sein Klo, als er sich noch kaum auf den Beinen halten konnte, war nie schlechter Laune und ging mit seinen rasch wachsenden, schließlich gewaltigen Kräften unendlich behutsam um. Seine bald riesigen Portionen verzehrte er genüßlich und eher zierlich, duldete jedes Hinzutun oder Wegnehmen von uns und war auch Fremden gegenüber ohne jede Spur von Aggression. Nichts an ihm war falsch oder unberechenbar. Das war der Steckbrief von Shir Khan, meinem gestreiften Bruder, und zu dieser *Personenbeschreibung* sollte man immer wieder zurückblättern bei dem, was noch folgt.

Es folgte vor allem die Umstellung unseres bescheidenen Haushalts, wobei wir nicht drumrum kamen, trotz ausgeklügelter Planung, jeden Groschen loszuwerden, der irgendwie, irgendwo aufzutreiben war. Ich hatte am Vormittag des ersten

Tages mit Shir Khan um unbezahlten Urlaub gebeten. Die waren sauer im Krankenhaus, mit einigem Recht, aber was sollten sie machen. Was sollte *ich* machen.

Von da kam also nichts mehr. Oma hatte eine ziemlich bescheidene Rente, und Anne jobbte halbtags als Verkäuferin. Egal, später würde man sehen.

Meine alte Kiste konnte ich in einen noch älteren VW-Bus umtauschen. Platz für das Tundrababy und für sein Essen. Beides wurde zusehends mehr. Ich bin so lange rumgefahren, bis ich einen Schlachthof gefunden hatte, der mir Rinderhälften verkaufte, die für die feine menschliche Ernährung – na, sagen wir mal – unzureichend waren: Zu mager, zu fett, zu alt, zu jung, was weiß ich. Aber veterinärmäßig gesehen o.k.

Dann habe ich die großen Elektro- und Haushaltswarengeschäfte abgeklappert und vom überbordenden Konsumverhalten unserer verrückten Mitbürger profitiert: zwei riesige Kühltruhen, die einwandfrei funktionierten, aber jeden Glanz verloren hatten. Der Händler hätte sie *entsorgen* müssen, was immer das heißen mag, und gab sie mir umsonst.

Wo ein Keller ist, da wächst das Gerümpel. Das

war auch in Omas Keller so. Wir haben mit vereinten Kräften das Gerümpel entsorgt, und die beiden Tiefkühltruhen brummten zufrieden vor sich hin. Einmal in der Woche hab ich mit Beil und Elektrosäge tote Rinder zerstückelt und versucht, nicht darüber nachzudenken, was ich da mache. Ich hab schließlich keinen sibirischen Tiger nach Bielefeld geholt. Jetzt war er da und mußte essen, wie jede Feld-, Wald- und Wiesenkatze. Nur eben mehr. Die Tage der zugefütterten Hackfleischbällchen lagen hinter uns, drei, fünf, dann sieben Kilo pro Tag waren angesagt und verschwanden in einem wunderschönen Wesen, einem vergnügten, glänzenden, gestreiften Kleinkind von cirka fünfzig Kilo Lebendgewicht.
Cirka deswegen, weil ich es kaum noch schaffte, mich mit meinen mageren siebzig Kilo und meinem Riesenbaby, das sich schwer wie ein Kartoffelsack machte, auf unsere altersschwache Personenwaage zu hieven. Der Junge fand alles prima, was wir mit ihm anstellten, und sein Leben bestand aus Spielen, Essen und Schlafen. Und viel mehr war in den ersten Monaten für die ganze Familie nicht drin. Nur, daß ich mir ein paar Gedanken mehr machte, als sich ein sibirischer Tiger träumen läßt.

Das Bett war für uns drei zu klein geworden. Er schlief jetzt ganz dicht daneben, und zum Einschlafen mußte man immer noch die Hand auf ihn halten, bis er sich hinübergeschnurrt hatte.

Ich bin kein Idiot, habe nie geglaubt, ich könnte mit einem erwachsenen sibirischen Tiger für immer und ewig zusammenleben. Also hab ich mich erst mal kundig gemacht: *Neo felis tigris, größte aller Katzenarten.* Und: *Neo felis tigris altaisa, der sibirische Tiger*, der größte wiederum unter den Tigern. Sollte eigentlich Amurtiger heißen, nach dem beherrschenden Flußsystem seines Wohngebietes. Erstklassiger Schwimmer, Jagdgebiet eines Pärchens zwei- bis dreitausend Quadratkilometer, Wintertemperatur zwanzig bis vierzig Grad minus.

Das war dann wieder so ein Moment, wo mir der Kopf dröhnte. Hundertdreißig Quadratmeter gegen dreitausend Quadratkilometer, eine wackelige Badewanne gegen das unendliche Flußdelta des Amur, zwanzig Grad plus gegen zwanzig Grad minus. Was mach' ich eigentlich? Tierquälerei? Wäre es besser gewesen, den Winzling zu erschlagen, der schon dreiviertel tot war? Weiter: *Ausgewachsene Tiere erreichen ein Gewicht von dreihundert Kilo und drüber.* Weiter: *Die Art ist nicht mehr unmittelbar bedroht. Wurde daher auf Anhang zwei in der Liste der bedrohten Arten gesetzt*. Mir schwant da was. Ich weigere mich aber, weiterzudenken. Ich kann nicht.

Shir Khan, der unter dem Tisch geschlafen hat, richtet sich auf, legt mir seine riesige Pfote auf den Schoß, drückt mir seinen Kopf an die Brust. Ich umarme ihn, wühle mich in sein Nackenfell, beiß ihm ins Ohr. Wir wälzen uns wie verrückt auf dem Boden, es rumpelt bedrohlich, Anne und Bella kommen dazu, es wird eine Spielorgie vom Besten. Unglaublich zart geht Khan mit uns um, sein jetzt schon gewaltiger Kiefer umfaßt Annes schmales Handgelenk, ohne geringste Spuren zu hinterlassen, die fünf Zentimeter langen Krallen bleiben in ihren Futteralen. Dieses große, starke Tier hat sich so unter Kontrolle, differenziert seine Kraft derartig, daß keiner von uns auch nur einen Kratzer oder blauen Flecken hat. Das war mit Bella anders, als sie jung war. Die konnte beim Spielen ganz schön grob werden und mußte zur Ordnung gerufen werden.
Amur. So hätten wir ihn nennen sollen. Nach seiner Heimat. Was soll er mit dem literarischen Zaubernamen. Der hilft uns auch nicht weiter. Zu spät, er heißt, wie er heißt, wir haben andere Sorgen. *Der N.f. altaica ist mit zweieinhalb Jahren geschlechtsreif.* Ich hab mich überall umgehört. (Man glaubt ja nicht, wie viele »Tigerkenner« es gibt). Mit der Zeit lernt man, die Spreu vom Weizen zu

unterscheiden, die Wichtigtuer und Großmäuler von denen, die wirklich Ahnung haben. Eins scheint festzustehen: Bis zur Geschlechtsreife sind, nach dem Stand der Dinge, keine Probleme zu erwarten, wird er ein lieber Junge bleiben. Amur. Ein einziger Buchstabe dazu: Amour. Liebe. Damals hab ich mir gewünscht, was ich mir heute noch dringlicher wünsche: Nie wieder möchte ich eine Liebe erleben, die so stark ist, von beiden Seiten, und nur ich weiß, da gibt es keine Zukunft, und ich weiß nicht mal, wie das Ende aussehen wird. Nur, daß es kommen wird.

Ich stehe auf, renne zum VW-Bus, er läuft neben mir, wie er immer neben mir ist, springt ohne jede Anstrengung auf die Ladefläche, hechelt vor Freude. Wir fahren in den Wald, abseits der Spazierwege. Es ist Herbst, aber noch nicht lange. Noch herrschen die Gold- und Brauntöne vor. Wir laufen und setzen uns hin und spielen und rennen, und ich vergesse schon mal die Wolken am Horizont. Es wird dunkel, wir fahren heim.

Dies jedenfalls war ein guter Tag.

Es war der letzte für lange Zeit. Shir Khan begann, sich nach Katzenart in der Gegend um-

zusehen. Wenn er Leute traf, ging er auf sie zu und versuchte, sie zu begrüßen, indem er seinen Kopf an ihnen schubberte. Eben nach Katzenart. Es hagelte Anzeigen. Ich kann's den Leuten nicht mal übelnehmen. Scheiße. Ich hatte kein Riesengrundstück wie Sigfried und Roy, die für ihre Tiger einen Swimmingpool haben in Las Vegas und um alles drumrum 'ne vier Meter hohe Mauer. Ich hatte eine popelige Hofstelle mit einem großen Baum in der Mitte. Sein Kletterbaum. Da machte ich ihn mit einer langen, dünnen Kette fest. Ich dachte, ich kette mich da selbst an. Es wäre genauso sinnlos und grausam gewesen, und sein Blick – sein Blick, als er zum erstenmal daran gehindert wurde, mir zu folgen, weil ihn irgendwas Unerklärliches am Hals festhielt. Ich nahm seinen dicken Kopf in beide Hände und sagte ihm, daß er jetzt ein lieber Junge sein muß, und ich komme gleich wieder, und dann spielen wir fein. Warum er nicht immer bei mir sein konnte, das sagte ich ihm nicht. Er hätte es nicht verstanden, selbst wenn er jedes Wort verstanden hätte. Also gab ich ihm einen Kuß auf die Nase und guckte mich erst um, als ich ins Auto stieg, und da saß er ganz still und schaute mir nach, und ich bildete mir ein, daß er zum erstenmal diesen

Blick nach ganz weit weg gehabt hätte, den alle eingesperrten Großkatzen haben. Aber das konnte ich aus der Entfernung gar nicht beurteilen.
Zwei Leute vom Ordnungsamt waren da und trauten sich, Shir Khan anzufassen. Der rollte sich auf den Rücken und ließ seine dunkelste Schnurrmaschine an und sein breitestes Lächeln. Die waren ganz hingerissen und verschwanden. Das Material für einen Riesenzwinger – Betonpfeiler, Baustahlmatten, die von einem Hochhausbau übriggeblieben waren – lag schon im Hof. Ich kannte den Polier von dem Bau von früher.
Aufatmen.
Ein Rechtsanwalt hat sich gemeldet. Genau an *dem* Tag, als das Ordnungsamt verfügt hatte, daß ich das wilde Tier nicht halten darf. Die beiden Clowns, die dagewesen waren, hatten entweder nicht die Wahrheit gesagt, oder sie hatten auf ihrem Amt nichts zu sagen und waren bloß losgeschickt worden, um ihrem Chef zu bestätigen, daß der Tiger da war.
Der Anwalt hatte sich aus der Lokalpresse informiert, die natürlich schon gewaltig rumgeschwafelt hatte.
»Ich nehm das mal in die Hand. Der Umgang mit Behörden will gelernt sein, das schaffen Sie nicht

allein. Und um die Kosten machen Sie sich mal keine Gedanken.«
Ich hab das so aufgefaßt, daß er keine Rechnung schicken würde, und war dankbar, ganz klar. Einem geschenkten Anwalt guckt man nicht untern Talar.

Was jetzt folgte, war der nackte Irrsinn. Das Veterinäramt verlangte, daß ich einen Käfig baue. O.k., ich fange damit an. Schreiben vom Ordnungsamt, was mir einfällt, einen Käfig zu bauen ohne Genehmigung, die auch nicht erteilt werden kann. Aus den und den Gründen, nach den und den Paragraphen. Ich sage, der Tiger wird bis zur Fertigstellung des Zwingers in der Garage gehalten. Darf nicht sein. Darf nur im Zwinger gehalten werden, der so und so aussehen muß. Aber nicht genehmigt wird. Zwangsgeld, Widerspruch, Widerspruch abgelehnt, ja, nein, eventuell, doch nicht, auf keinen Fall, es sei denn.
Die Schreibmaschinen der verschiedensten Ämter, Amtsstellen und Gerichte qualmen. Die vom Rechtsanwalt auch. Ich ersuche um ein persönliches Gespräch mit dem Herrn Oberbürgermeister der Stadt Bielefeld. Könnte ja sein, er hat

was Menschliches an sich. Der Oberbürgermeister hält sich bedeckt: *Schwebendes Verfahren, eingreifen nicht möglich, pi-pa-Pontius Pilatus.*

Jede Nacht fahre ich mit Bruder Khan – von wegen Garage, ich lasse ihn jetzt fast immer im Haus, schlimm genug, und bisher hat noch keiner die Garage aufgemacht, um nachzugucken, ob da ein Tiger drin ist – jede Nacht fahre ich mit ihm in den Wald, wir laufen stundenlang durch eine Landschaft, die aussieht, als gäbe es keine Menschen weit und breit. Ich muß in einer dieser Nächte an das Endlosgedicht von Schiller denken, das wir noch auswendig lernen mußten und wo er vom Hölzchen aufs Klötzchen kommt, weil es eigentlich darum geht, daß eine Glocke gegossen werden soll.

> Gefährlich ist's, den Leu zu wecken,
> verderblich ist des Tigers Zahn.
> Jedoch der schrecklichste der Schrecken,
> das ist der Mensch in seinem Wahn!

Die letzte Zeile ist so wahr, wahrer geht's nicht. Ich brüll sie in den rabenschwarzen Wald, soweit der Lichtkegel von der Taschenlampe reicht: Das ist der Mensch in seinem Wahn, ihr Arschlöcher,

laßt mich endlich leben mit dem besten Kumpel, den ich je hatte!
So laut hat mich der noch nie erlebt, und so guckt er mich ganz erschrocken an, und ich halte das Maul und flüstere ihm in sein Plüschohr, daß alles gut werden wird, und viele andere Lügen, und dann ist das Ohr naß, und mein proprer Junge macht sich ans Putzen, und ich lache, wie in letzter Zeit nur noch: verzweifelt.

In der nächsten Zeit hatte ich das Gefühl, daß es jetzt eng wird. Weil ich nämlich noch nicht

wußte, *wie* eng es wirklich werden würde. *Zu* eng eigentlich, um noch atmen zu können.
Von der Vorstellung, die nächsten zwei Jahre mit Shir Khan leben zu können, hatte ich mich längst verabschiedet. Nein, hatte ich nicht. Man hatte diese Vorstellung gewaltsam aus mir herausgezerrt, herausgeprügelt. Eine Armee von Sesselpupern und Hirntoten empörte sich zusehends über eine solche Sau wie mich.
»Was hat er denn getan? Kinderschänder? Nuttenkiller?«
Nicht doch, viel schlimmer: Er besteht darauf, mit einem Tiger zusammenzuleben!

Ich hatte wirklich das Gefühl, ein Verbrecher zu sein, und dachte auch so; Tag und Nacht: Wie kann ich dem Gesetz und den Gesetzeshütern entkommen? Ja, wie bloß? Ich schrieb erst mal alle Zoos und Tierparks in Deutschland an und wartete todtraurig auf die begeisterten Antworten.
Inzwischen, – während dieses ganzen Affentheaters zwischen Behörden und Rechtsanwälten und Ämtern und Drohungen und Strafbescheiden und Widerspruch gegen den Widerspruch, Verfügungen und Ersuchen um Aufhebung der Verfügungen und dies und das und noch was – ich hatte

längst den Faden verloren, inzwischen war Shir Khan immer vollkommener geworden. Sein Pelz glühte förmlich in der kalten Herbstsonne, sein stetig wachsender, vollkommener Körper bewegte sich mit unerklärlicher Leichtigkeit. Vermutlich wog er jetzt hundertfünfzig Kilo oder mehr, aber er lief wie – wie eine Welle, bei der ja auch keiner weiß, woher ihre Kraft und Schnelligkeit kommen. Jeder, der innen drin noch nicht ganz tot war, mußte sehen, daß er einmalig schön war. Und von unerschütterlicher Freundlichkeit zu jedermann. Stark, klug, schön und liebenswürdig. Ich habe keinen Menschen getroffen, auf den das zutraf, und die allermeisten sind weder das eine noch das andere.

Oh ja, einen sibirischen Tiger, den wollten sie schon haben, die Zoos und Tierparks, aber – leider: *Sehen wir uns nicht in der Lage, einen schwanzlosen Vertreter seiner Art zu übernehmen. Wir haben einen Ruf zu verlieren. Unsere Besucher erwarten die vollständige Authentizität unserer Exponate.*

Exponate sind Ausstellungsstücke. Zum Beispiel im Museum. Warum schmeißen die nicht die Ausgrabungen aus Jahrtausenden einfach weg? Fehlt doch hier ein Henkel an einer ägyptischen Öllampe, dort ist ein Sprung in der römischen Vase, und Michelangelos Skulpturen fehlen ab-

wechselnd Arme, Beine, Nasen oder alles oder was anderes. Die Betrachter stehen ehrfürchtig flüsternd vor dem ganzen kaputten Krempel und finden ihn schön. Nicht, weil die Sachen schön *sind*, sondern, weil sie schön sind befohlenermaßen. Herrgott ja, sie sind schön, ja, die Sachen aus der Vergangenheit der Vergangenheit. Aber sie sind tot! Tot, nicht wahr, und Shir Khan war noch nicht erwachsen, ein vielleicht – vielleicht zwölfjähriger freundlicher Junge, dem man verweigerte zu leben. Warum? Weil man behördlich festlegte, daß man sich vor ihm zu fürchten habe. Vor einem, der noch keinem ein Haar gekrümmt hatte! Ich bin ausgebildeter Rettungssanitäter. Ich habe ein paar von den Hunderttausenden von Unfalltoten gesehen. Vielleicht schon ein paar zuviel: Zusammengefahren von Besoffenen am Steuer, wegen irgendeiner Bagatelle, zerstört durch Drogen und Suff und vergiftete Luft und unbekannte Viren.

Für alle wird gesorgt, keiner fällt durchs soziale Netz, wenn er das nicht selbst will. Nur mein großer kleiner Bruder, den ich dem Tod abgehandelt habe, für den soll kein Platz sein auf dieser beschissenen Welt.

Wenn man sich Tag und Nacht den Kopf zermartert nach einem Ausweg, fällt einem natürlich immer wieder doch noch was ein. Und das ist das Schlimmste: Immer wieder ein bißchen blöde Hoffnung, immer wieder das Aus. Falsch verbunden. Falsch verbunden mit Tierschutzverbänden, Vereinen, Gesellschaften e.V., Tiergärten, Safariparks, Universitäten mit Tierärztlichen Fakultäten, Veterinären, Wissenschaftlern und sonstigen Holzköpfen. Keiner versteht, niemand hört zu und vor allem: In einem Europa, das – jedenfalls in seiner Mitte – nichts Lebendes und nichts Totes duldet, was nicht amtlich erfaßt und *zugeordnet* wurde – irgendwas, irgendwer ist doch immer zuständig, für jeden Dreck –, in diesem Riesenbereich mit ein paar hundert Millionen Menschen und deren Organisationen gab es keinen Platz für einen einjährigen sibirischen Tiger, dessen einziges Vergehen seine Schwanzlosigkeit war.

Ich weiß, daß das nicht stimmt, und ich habe Angst davor, daß sich jetzt, nach zehn Jahren, Menschen und Institutionen melden, die mir sagen, daß sie mein Buch gelesen haben – *sehr anrührend – echt betroffen* –, und mir dann so etwas Entsetzliches sagen wie: *Warum haben Sie nicht*

damals den und den – mich – die da – jenes Institut angerufen, angeschrieben.
Ich fürchte, das würde ich nicht durchstehen. Ich fürchte, ich fange dann an zu schreien, und zwar klapsmühlenreif immer nur zwei Sätze: *Ich hab das nicht gewußt! Ich habe nichts gefunden!*
Wenn wir im Morgengrauen heimkommen, liege ich mit ihm vor dem Bett, und wir haben uns ineinander gekuschelt, und ich spüre sein mächtiges, sanftes Atmen und wünsche mir, daß wir nicht mehr aufwachen müssen.

Ich war wieder unentwegt in meinem neuen Beruf unterwegs gewesen: Behördengänger und Dauerbittsteller. Gegen Mittag bin ich ziemlich groggy nach Hause gekommen: Jede Menge Polizei, Presse, Kameras. Shir Khan völlig verstört, hechelnd vor Aufregung. Polizist Wichtig, Hand an die Mütze:
»Sind Sie Herr Peter Henry? Sind Sie der Besitzer von diesem Tiger da?«
»Ja, er besitzt mich.«
(Reagiert gar nicht auf diese bewußte Falschaussage, würde auf seinen Diensteid nehmen, daß er das so nicht gehört hat.)

Ich sitze im Mannschaftswagen, und der ewige Einfingertipper protokolliert. Und ich höre, was ich nicht glauben kann: Shir Khan soll die Oma angefallen und schwer verletzt haben. Sie liegt im Krankenhaus. Hinfahren ist nicht. Nicht vernehmungsfähig. Anne weiß auch nichts, war im Haus und hat Oma draußen gefunden, Shir Khan neben ihr, ganz still.
Nach dieser Nacht der Nächte ein toller Tag. Per Zustellung: Anklage der Staatsanwaltschaft wegen fahrlässiger Körperverletzung. Und ein paar muntere Rechnungen vom Herrn der munteren Worte, meinem Freund und Rechtsverdreher, der sich meiner angenommen hatte von Anfang an. Ich höre ihn noch:
»Wegen der Kosten mach dir mal keine Gedanken.«
Da muß ich was falsch verstanden haben. Scheiß drauf. Als ob es darauf noch ankäme, jetzt.
Oma ist völlig klar und ihr Gesicht sehr klein zwischen dem Kopfverband. Sie zieht mich runter, direkt an ihren überdeutlich flüsternden Mund.
»Was ich dir jetzt sage, habe ich auch der Polizei gesagt: Also laß dir nichts erzählen, laß dir das Protokoll zeigen.«

Pause.
Ich fasse ihre kleine, krumme, sehr trockene Hand.
»Wir haben das Besenspiel gemacht, der Junge und ich. Du weißt schon, er ist verrückt darauf, auf seine Scheinangriffe gegen das Borstentier.«
Pause.
»Irgendwie bin ich aus dem Gleichgewicht gekommen und gestolpert. Wohl auf den Hinterkopf gefallen.«
Jetzt lächelt, nein grinst doch dieser Satansbraten von einer unvergleichlichen Oma tatsächlich.
»Das vergeß ich dem Lümmel nie: Bisher war ich immer so stolz darauf, *nicht* auf den Kopf gefallen zu sein.«

»Und die Verletzungen? Ich meine, hat er dich – wie seh'n die überhaupt aus?«
»Albernheiten. Da hab ich mich beim Kartoffelschälen schon ganz anders geschnitten.«
»Ich versteh das nicht.«
»Aber ich zum Glück«, die Stimme wird flacher, klingt jetzt angestrengt. »Peter, der Junge hat einfach einen Riesenschreck gekriegt, ist zu mir gesprungen und hat mich – na – betastet. Dabei muß es passiert sein. In seiner Aufregung.« Der Atem ist nun hörbar. Sie soll sich nicht anstrengen.
»Oma –«
»Noch was, Peter, bin gleich soweit: Wie ich zu mir gekommen bin, kurz, als die ganze Bande schon da war –«
»Ja Oma?«
»Da war ich ganz naß: Er hat mich abgeschleckt, da, wo ich geblutet habe.«
Pause.
Ich muß hier raus, sonst fang ich an zu heulen.
»Ich meine nur, wenn er mir was hätte tun wollen – ich wär' doch in einer Sekunde weggewesen. Alles Holzköpfe. Beiß dem Lümmel von mir ins Ohr. – Ich werd ihn vermissen.«
»Was soll das denn nun heißen! In ein paar Tagen bist du zu Hause!«

Sie schaut mich jetzt an – irgendwie dringend.
»Peter, ich bin achtundsiebzig. – Doll war es nicht, das Leben. Und sieh mal: Hier geht's mir gut. Ich werd versorgt, ihr habt keine Plackerei mit der Alten! Begreif doch –«
Sie richtet sich ein kleines bißchen auf, funkelt mich an, nur einen Augenblick.
»Peter, hier mach ich mich davon! Die Gelegenheit ist günstig!«

Ich hab' sie nie wiedergesehen.
Nach dem Obduktionsbefund und der Aussage von Oma hatte der Staatsanwalt wohl die Lust verloren an meinem Fall. Ich werde also von dem begründeten Verdacht, meine Oma mit Hilfe meines Tigers ermordet zu haben, freigesprochen.
Die Idiotenpresse kleckert noch nach, als Oma schon unter der Erde ist. Meistens kann man ja wenig oder gar nicht beurteilen, was einem die Presse so vorsetzt. Außer, wenn man selbst sozusagen der Gegenstand des vermeintlich öffentlichen Interesses ist, wie in meinem Fall. Und da ist es schon eklig, wenn man feststellt, daß es nichts ist mit dem Körnchen Wahrheit, das angeblich

So viel steht in

praline

Persönlichkeitsberichte

Aktuelle Reportagen

Jörg H. mit seinem Tiger, der jetzt in den Safaripark Stukenbrock kam

Bauer (24) hielt Tiger als Hofhund – da zerfleischte das Raubtier die 78jährige Schwiegermutter

Bauer Jörg H. (24) aus Bielefeld hatte neben seinem „normalen" Vieh noch ein ganz besonderes Tier zu versorgen: einen 13 Monate alten, 150 Kilo schweren Königstiger. Ein Händler hatte ihm das Tier geschenkt, weil es von seinen Eltern verstoßen worden war. Jörg hatte das Raubtierbaby mit der Flasche aufgezogen. Als Unterkunft räumte er die Garage aus. Tagsüber kettete er den Tiger im Garten an den Baum. Als seine Schwiegermutter den Hof kehrte, passierte das Unglück: Friderika P. (78) kam zu nahe an das Tier heran – da schlug der Tiger mit der Pranke zu. Lebensgefährlich verletzt mußte die Frau ins Krankenhaus. Jörg H.: „Das verstehe ich nicht. Das Tier war handzahm."

Samstag, 8. Sept. 1979 · 30 Pf

Nr. 210/36 · Druck in Kettwig · 21041 · 0 W

Bild

Belgien bfrs. 8,–
Frankreich F 1,70
Holland hfl. 0,70

UNABHÄNGIG · ÜBERPARTEILICH

Bielefeld: Tiger zerfleischte Putzfrau

Bericht auf der Seite 3

Tiger mit dem Besen geärgert?

Bielefeld (bö). Das Befinden der 78jährigen Rentnerin Frederike P., die am vergangenen Freitag von dem sibirischen Tiger „Shirkan" ihres Enkels im Garten des Hauses angesprungen und verletzt worden ist, hat sich verbessert. Zwar liegt Frau P. noch auf der Intensivstation des Johannes-Krankenhauses, doch hauptsächlich wegen einer altersbedingten Kreislaufschwäche, unter der sie schon längere Zeit leidet. Die alte Dame war bis zu dem Unfall mit der Raubkatze bestens klargekommen. Inzwischen hat sie auch ihren Humor wiedergefunden: „Hat das Biest mich doch tatsächlich gebissen?!" Ihr Enkel: „Wahrscheinlich hat Oma den Tiger mit dem Besen geärgert. Sonst waren die beiden ein Herz und eine Seele. Sie hat ihn oft gefüttert und sogar hinter den Ohren gekrault."

immer dabei ist. Wahr sind offensichtlich nur die Beteiligten. Als tatsächlich vorhandene Personen meine ich. Alles andere: Reine – ach was, dreckige Erfindung. Verleumdung und purer Blödsinn. Zoff um des Zoffs willen.
Von Berichterstattung keine Spur. Unwichtig, aber ein Indiz: Keiner hat sich die Mühe gemacht, auch nur Shir Khans Namen richtig zu schreiben.

Stackenbrakel ist die letzte Rettung gewesen. Ich bin hingefahren. Ein Safaripark ganz in der Nähe. Betreiber: Ein Verrückter in Tropenuniform mit einer langen Peitsche am Gürtel, der mit einem Jeep mit Zebrabemalung durchs Gelände brettert. Verrückte müssen nicht unsympathisch sein. Wenn ich an die vielen widerlichen Normalen denke, die ich in der letzten Zeit kennengelernt habe. Dieser da übertrifft aber alle. Die Tiere sind in einem fürchterlichen Zustand, besonders die Großkatzen. Und dieses Monster im Tropenhelm zeigt sie vor, als wenn die halbverhungerten, völlig verdreckten Geschöpfe fabelhaft in Schuß wären, und labert und labert von Personalmangel und Urlaubsvertretung und knallt mit seiner idiotischen Peitsche rum. Als er davon redet, daß der

Amtsarzt hier regelmäßig Visite macht – *prima Kerl, Freund von mir!* –, geht bei mir endgültig die Klappe zu. Ich gebe auf. Mich und Shir Khan.
Verdammt noch mal, ich war damals vierundzwanzig und hab mir nie eingebildet, ein Rambo zu sein. Die blödsinnigsten Gedanken hab ich gehabt: Den Jungen in den VW-Bus und einfach abhauen. Sehr witzig. Wohin denn? Wir sind hier nicht in Kanada, wo ich mir vielleicht – vielleicht – ein Blockhaus hätte besorgen können und mit Anne und ihm den Dschungelprinzen hätte spielen können. Sicher auch nicht sehr lange.
Hätte ich ihn bloß nie gesehen.

Ich bin nach Hannover gefahren. Mit Shir Khan. Der Professor, der ihn damals behandelt hat, war beeindruckt:
»Ein wirklich wunderschöner Bursche. Kompliment.«
Er nahm sich die Zeit, hörte mir zu. Ich glaube, meine elende Geschichte ging ihm wirklich an die Nieren. Ich fing an zu heulen, als ich ihn bat, als ich ihn anbettelte, Shir Khan zu töten. Ließ sich Zeit mit der Antwort. Keine Chance: *Angetreten, Tiere zu heilen. Gesundes Tier noch niemals getötet. Immer abgelehnt.*
»Was meinen Sie, mein lieber junger Mann, was uns hier in der Beziehung angetragen wird.«
Standesehre. Approbation verlieren. Existenz aufs Spiel setzen.
»Tut mir wirklich leid, aber da sind Sie an der falschen Adresse.«
Ich bin mir wie ein Mörder vorgekommen. Mit Anspruch auf mildernde Umstände, das wohl schon, aber ein Mörder.
Zu Hause die amtliche Einweisung Shir Khans nach Stackenbrakel. In drei Tagen.
»Gegen diesen Beschluß gibt es keinen Einspruch.«
Stempel drunter. Ende.
Ich telefoniere mit Hinz und Kunz, fahre wie ein

Irrer in der Gegend rum, bettele in Amtsstuben um Aufschub. Lüge, ich hätte da was in Aussicht. Sinnlos. Befremdete Blicke. Ich muß furchtbar ausgesehen haben. Seit Tagen keinen Schlaf, nicht rasiert, nichts gegessen, nicht geduscht. Wozu: In Minuten läuft mir wieder das Wasser am ganzen Körper runter. Anne heult nur noch, ich brülle sie dauernd an. Wahrscheinlich hat sie Angst, daß ich verrückt werde.

»Wer in gewissen Situationen nicht den Verstand verliert, der hat keinen zu verlieren.«

Oder so ähnlich. Ich weiß nicht, wo ich den Spruch mal gelesen habe. Gefällt mir heute noch.

Vorletzter Tag. Shir Khan ist selig: Es hat ge-

schneit, und er tobt mit mir im Schnee rum. Die halbe Nacht. Gibt es so was wie Anspruch auf Glück? Wenn ja: Ist meine Ration durch die Zeit mit Shir Khan aufgebraucht? Und seine? Er hat jetzt achtzehn Monate gelebt. Zwei davon in Qualen. Und mehr steht ihm nicht zu?

Ich mach mich *menschlich*. Zieh mich manierlich an. Ich habe ein Gespräch mit dem Oberforstmenschen. Das letzte, was mir eingefallen ist in meiner armen Birne. Nehme Beruhigungspillen. Jede Menge, sonst lief gar nichts mehr.

Der Herr Forstrat hat mir einen Schnaps angeboten – wahrscheinlich Jägermeister, ha, ha – und

mir einen Vortrag über Artenschutz gehalten: *Sibirischer Tiger? Auf Liste zwei der Artenschutzgesetze. Würde sich strafbar machen. Ein Unding. Muß an die Öffentlichkeit denken. Die Presse.*

Zumal das Tier ja einen Aufenthaltsort zugewiesen bekommen hat. Ich schlage vor, mit mir nach Stackenbrakel zu fahren, jetzt gleich. Leider nicht möglich. Vielleicht später mal. Ist ihm natürlich bekannt der Safaripark. Er hat nichts Nachteiliges darüber gehört. Ich fange an zu schreien, entschuldige mich. Bitte ihn, sich wenigstens Shir Khan doch mal anzusehen.

Will er nicht. Will er nicht!

»Sie müssen mich jetzt wirklich entschuldigen.«

Ich krieg das Bild nicht mehr aus mir raus. Das Bild von dem Löwen in diesem verfluchten Stackenbrakel. Der König der Tiere, der mit heraustretenden Rippen in seiner Scheiße liegt. Die Augen. Ich träume davon heute noch. Nicht mehr so oft, aber heute noch.

Ich habe einen Kumpel angerufen, den ich lange nicht mehr gesehen hatte. Einigermaßen absichtlich. Ich mochte ihn eigentlich gern, aber er war irgendwie im sogenannten Milieu zu Hause. Er hat sich gefreut, als ich mich mit ihm verabreden wollte, hat mich gleich bei sich zu Hause empfangen. Tolle Wohnung. Als er auf meine Bitte die schicke Frau, die mir aufgemacht hatte, aus dem Zimmer schickte, war mir klar, daß das stimmte mit dem Kiez. Keine Frau sonst läßt sich in der Art wegschicken. So ganz freundlich und ohne jede Begründung. Er ließ mich ausreden, und als ich fertig war, hatte dieser *harte Junge vom Kiez* tatsächlich Wasser in den Augen. Das war mir – bisher jedenfalls – noch nicht begegnet.

Der Tiger war für niemanden etwas anderes gewesen als ein Fall. Ein unangenehmer, schwieriger, eben ein Problemfall. Und J. P. Henry ein komischer, skurriler junger Mann, der sein mangelndes Selbstwertgefühl mit dem Besitz exotischer Tiere ausgleichen oder aufwerten will. (Das kennt man ja.) Ich weiß nicht, wie ich das sagen soll. Es klingt immer gleich alles so sentimental. Irgendwie wehleidig, wenn man darüber berichtet, daß da einer leidet, körperlich oder seelisch, egal.

Und egal, ob das ein Mensch ist, ich zum Beispiel. Oder ein Tier, Shir Khan zum Beispiel. Gut. Aber ich erzähle nun mal die Geschichte, und dazu gehört, daß wir beide fast kaputtgegangen sind an dieser Beziehung. Daß ich ganz sicher nie darüber wegkommen werde; niemals ganz. Schon deshalb nicht, weil ich nichts ähnliches mehr erleben werde, das sich irgendwie deckungsgleich über meine Erlebnisse, mein Leben mit Shir Khan legen könnte. Ich wäre froh, wenn meine Erinnerungen an diese Zeit endlich gelöscht werden könnten. Wie Software im Computer.

Lüge. Ich wäre *nicht* froh. Ich wäre einfach nicht ich, ohne diese Zeit. Man lebt doch, was man erlebt. Will sagen, wenn man alles Negative, alle schlimmen, quälenden Dinge, durch die jemand durch mußte, einfach löschen könnte – so eine Art gesteuerte Teil-Amnesie – was bliebe übrig: Ein grinsender Luftballon, ein ewig heiteres Mongölchen, echt zum Fürchten.

Man wäre außerdem nicht in der Lage, irgend etwas zu lernen, sich in irgendeiner Form zu entwickeln, ohne die ganze Scheiße, durch die man durch muß.

Ich glaube aber, daß es Grenzen gibt. Über die man nicht weg kann. Und auch nicht soll. Wo es ans Eingemachte geht, wo einfach der Wille, weiterzuleben, anfängt zu kippen. Und genau in der Situation war ich damals. Zu der Zeit. An dem Tag.

Der Typ stand auf, ging zu seinem Schreibtisch, kam zurück und drückte mir einen Revolver in die Hand.
»Du mußt es selber machen. Glaub mir, da führt kein Weg dran vorbei. Hilf deinem Kumpel.«
Es war still im Zimmer.
»Es ist ein achtunddreißiger Colt mit Stahlmantelpatronen. Er wird nichts spüren.«

Shir Khan lag unter seinem Baum. Er hatte auf mich gewartet, stand auf und fing an, herumzuhopsen. Ich legte mich zu ihm in den Schnee, er fing an, mit mir zu albern, legte mir seine Pranke aufs Gesicht, die leicht war, wie ein Kissen, kühl. Sie bedeckte meinen ganzen Kopf. Als ich das Ding, den – diesen Colt in die Hand nahm, wurde er neugierig, wollte seh'n, was das ist, ich steckte es in die Manteltasche, und er steckte seine große

Nase in die Tasche und zog die Luft ein. Dann hielt er seinen Kopf schief, wie ein Kätzchen, sah mir in die Augen und zog die Lefzen ein bißchen hoch. Er sah dann aus, als ob er grinste. Aus seinem leicht geöffneten Fang kam sein großer Atem als weiße Wolke. Ich hab mich selbst sprechen gehört, als wenn die Stimme von jemand anders kam. Eine Stimme, die ich noch nie gehört hatte.
»Komm, Alter, schlafen gehn.«
Shir Khan trottete leicht beleidigt hinter mir her. Ins Haus. In das Zimmer, in dem wir achtzehn Monate zusammen geschlafen hatten. Mit Anne, die schon fest schlief. (Sie hatte auch was genommen. Schon seit Wochen). Ich machte kein Licht, und gegen das helle Fenster konnte ich sehen, wie er seinen großen Kopf unendlich vorsichtig an ihren kleinen hielt und schnupperte. Er sog ihren Atem ein und ließ sich mit einem Seufzer der Erleichterung neben das Bett plumpsen, daß die Dielenbretter knackten. Jetzt war nur noch sein Atem zu hören. Aber unsere drei Atem waren es, die sich mischten.
Mein Kopf dröhnte, ich hab versucht mir vorzustellen, wie ich morgen mit dem Safarimonster sprechen würde. Geschickt und listig. Ich würde ihm die Erlaubnis abschwatzen, jederzeit den Jun-

gen besuchen zu dürfen. Ihm Futter mitbringen zu dürfen. So lange bei ihm bleiben zu können, wie ich wollte.
Rausschmeißen würde er mich. Spätestens dann, wenn ich versuchen würde, ihn umzubringen. (Der

Revolver war irgendwo draußen im Schnee liegengeblieben. – Ich muß ihn zurückbringen. – Mein Freund vom Kiez wird mich für das halten, was ich bin: Ein Feigling. Ist man ein Feigling, wenn man Abel ist? Und nicht Kain.) Ich weiß genau, daß ich in Stackenbrakel nichts erreichen würde. Nicht bei dieser Horrorvision von einem Menschen. Höchstens mit Geld, und ich habe nur Schulden. Was soll ich machen? Herrgott, was soll ich nur machen? Gegen Morgen überfallen mich Träume, die noch schlimmer sind als die Wirklichkeit.

Zehn Jahre ist es her. Während ich versuche, diese Geschichte zu Ende zu bringen, zehn Jahre danach, ist draußen ein Gewitter. Eine Art Dramaturgie des Himmels, kitschig, wie in einer Hollywoodschnulze. Und ich habe vergeblich gehofft, daß mir die Worte fehlen werden, um das alles noch einmal zu erleben, was ich nicht vergessen kann. Der Donner grollt. Und es hört sich an wie der ungeduldige Shir Khan, den ich auf sein Futter warten lasse, weil ich so gerne höre, wie es aus ihm gewittert. Ich kann also nicht verstummen und rede.

Es war gegen vier Uhr nachmittags und schon dunkel. Anne stand in der Tür und sagte:
»Sie sind da.«
Sie sagte es so leise, daß ich es nicht verstanden habe. Aber natürlich hatte ich die Wagen gehört. Ich bin aufgestanden und die Treppe runtergegangen. Er ging neben mir, so dicht, daß ich bei jedem Schritt die Bewegung seiner Schultermuskeln spürte. In der Tür blieben wir geblendet stehn. Scheinwerfer beleuchteten das armselige Häuschen, machten es zur Kulisse und zerrten seine vertraute Schäbigkeit aus dem Dunkel. Ein vergitterter Mannschaftswagen, die hintere Tür offen, davor und dahinter je ein Einsatzwagen. Brennende Scheinwerfer, laufende Motoren. Rechts und links von dem kurzen Weg sechs Polizisten mit Maschinenpistolen im Anschlag. Entsichert, nehme ich an. Der Oberbulle steht vor dem Sträflingsauto und brüllt mich blödsinnigerweise durch ein Megaphon an. Distanz vielleicht acht Meter!
»Sind Sie wahnsinnig! Machen Sie das Tier sofort fest!«
In meinen Ohren rauscht es, das Gedröhn tut mir weh. Ich muß plötzlich lachen, es klingt scheußlich. Festmachen. Wer kann einen Dreizentnertiger halten, woran auch immer. Shir Khan lehnt

sich so eng an mich, daß ich kaum gegenhalten kann. Ich bleibe steh'n, ziehe meinen Gürtel aus den Jeans und lege ihm den um den Hals. An dem winzigen Riemenende, das übrig ist, führe ich ihn in den Wagen.

Tür zu, Abfahrt.

Shir Khan reibt den Kopf an mir und schnurrt. Er hat es immer gern gehabt, wenn wir was Neues unternommen haben. Und er fährt gerne Auto. Der Klumpen in meiner Brust wird immer größer, die Metallbänder werden immer enger. Typisches Zeichen eines nahenden Infarkts. (Ich bin examinierter Sanitäter, nicht wahr). Natürlich passiert nichts.

Der Wagen hält mit der Rückseite zum Käfig. Ein Doppelkäfig mit einer Trennwand dazwischen. Wir gehen durch die offene Gitterschiebetür des einen Käfigs in den anderen.

»Kommen Sie raus, Herr Henry!«

Mein Gott, in dem Käfig ist nichts. Nichts, außer einem vergammelten Lattenrost mit irgendwelchen Kadaverteilen darauf. Das Empfangsmenü wohl für den Lebenslänglichen. Ich drehe mich sofort um und gehe raus. Ich verlasse wirklich und wahrhaftig meinen Bruder Tiger, weil mir nichts, aber auch gar nichts mehr einfällt.

Kaum habe ich den Nebenkäfig verlassen, schwingt das Trenngitter herunter. Shir Khan hat bis jetzt verdutzt auf den Hinterkeulen gesessen. Er sah plötzlich irgendwie kindlich aus. Ist ja auch erst ein Junge gewesen. Wie er mich da draußen sieht, mein Gürtel hängt ihm noch um den Hals, läuft er ein paarmal hin und her in seinem Verlies, dann nimmt er Anlauf und springt gegen die Trennwand. Die Arschlöcher haben sie nicht arretiert. Sie schlägt auf und schlägt ihm beim Rückschwung krachend ins Gesicht. Er blutet aus der Nase, und ich verliere jetzt jede Beherrschung. Ich raste aus, brülle, und eine Flut vom Gemeinsten tönt aus mir raus. Ich schlage um mich, ich kämpfe – nein, ich glaube nicht, um mein Leben. Ich bin mir ganz sicher, daß ich in dem Moment wirklich sterben wollte.

Shir Khan will zu mir und setzt dafür zum ersten Mal seine drei Zentner Muskeln ein. Er springt an den unteren Teil des frei schwingenden Trenngitters, klammert sich fest, läßt in dem Moment los, als das Trenngitter fast waagerecht steht, und ich sehe ihn – von drei Bullen und dem KZ-Besitzer festgehalten – in der offenen Tür des Nebenkäfigs. Er duckt sich ganz still, die Augen leuchten aus seinem blutverschmierten Gesicht, signalisieren mir, daß er jetzt – jetzt wieder zu mir zurückkommt. Ich sehe alles in slow motion und kann überdeutlich erkennen, wie er kurz von einer Hinterhand auf die andere wechselt, wie ein Sprinter vor dem Start. Dann fliegt er los, über die Köpfe seiner Folterer weg – ein schwereloser Satz über acht Meter.

Die Salve aus vier Maschinenpistolen erreicht ihn in der Mitte seiner Flugbahn. Als er genau vor meinen Füßen aufschlägt, ist er schon tot.

Nach zwei Tagen haben sie mich aus dem Krankenhaus entlassen, noch immer vollgestopft mit Sedativen. Anne hat mich abgeholt. Sie weint hemmungslos, und ich habe das Gefühl, daß ich nie wieder weinen kann. Meine Augen brennen wie Feuer irgendwo im Hinterkopf. Ich nehme ein Röhrchen Schlaftabletten und bin weg. Leider nur achtundvierzig Stunden. Danach verlassen wir hektisch das kleine Haus, in dem wir zu zweit nicht mehr daheim sind. Ich will es nie wieder sehen, und ich habe es nie wiedergesehen.

Aber das Leben fängt immer wieder an.

Da kann man nichts machen.

Jetzt – ich habe die Geschichte erzählt, weil ich mir eine Art Befreiung davon erhofft habe –, jetzt ist mir nicht leichter geworden davon. Vielleicht in noch mal zehn Jahren. Aber ich fürchte, ich hoffe: Nie.

Versteckt, verzwickt, verwunschen.

»Wie ist die Welt bloß ohne mich zurechtgekommen, bevor ich geboren wurde?« fragte er sich. »Sie müssen doch das Gefühl gehabt haben, daß irgendwas gefehlt hat?«

William Steig, *Dominic*

Band 80108

Band 80109

Band 80070

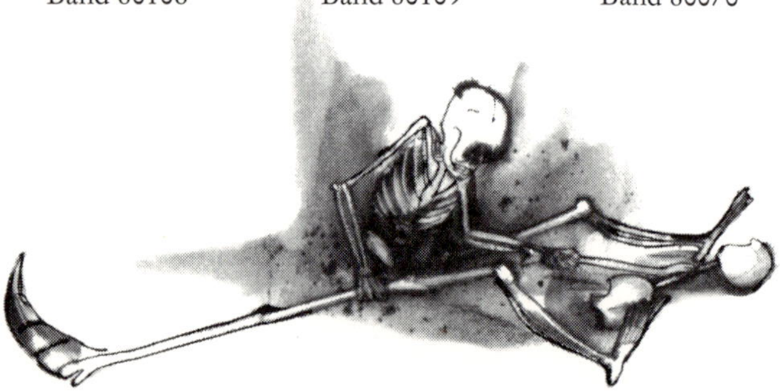

Illustration: Annemarie van Haeringen

fi 6021 / 1 a

Illustration: Damon Burnard

Band 80073

Band 80110

Band 80082

Es ist nicht leicht, erwachsen zu werden.

Sie stieg auf und verbarg ihr Gesicht hinter seinem Rücken. Als sie die Stadt hinter sich gelassen hatten, hellte der Himmel auf. Kleine Flecken Blau traten zwischen den Wolken für Sekunden hervor. Ein paarmal geriet auch die Sonne in ein Wolkenloch und überstrahlte die nasse Landschaft mit kaltem, klarem Licht. Ich hab es gut, dachte Katharina, ich kann den Kopf an seinen Rücken legen und in die Gegend gucken. Jutta Schlott, *Kalter Mai*

Band 80060

Band 80058

Band 80094

Illustration: Thomas Matthaeus Müller

fi 6020 / 1 a

Illustration: Damon Burnard

Band 80076

Band 80029

Band 80033

fi 6020 / 1 b

Von Angsthasen, Kinomäusen und falschen Prinzen.

»Ein Abenteuer ist ja nichts Besonderes.
Ein Abenteuer ist eine ganz normale Sache, die nicht klappt. Man kann auch sagen, ein Abenteuer ist eine Unzulänglichkeit, letzten Endes etwas Halbes. Und das ist das Spannende, eben diese Hälfte, die nicht geschehen ist, unter der sich jeder was andres vorstellen kann.«

Robert Wolfgang Schnell, *Pulle und Pummi*

Band 80083

Band 80050

Band 80052

Illustration: Rosi Vogel

fi 6019 / 1 a

Illustration: Milada Krautmann

Band 80080

Band 80075

Band 80063

Fischer Schatzinsel

Taschenbücher für Kinder

fi 6019 / 1 b

Das Abenteuer lauert hinter der nächsten Ecke

»Nichts regte sich. Weit und breit war niemand zu sehen, nicht mal ein Hund. Während sie Haustüren und Straßenecken vorsichtig im Auge behielt, machte sie die Autotür auf und schaute nach unten. Alle vier Reifen waren platt.«

Robert Westall, *Yaxleys Katze*

Band 80059

Band 80091

Band 80072

Illustration: Jonathan Allen